Dolores Crecientes

El camino de la gracia de Dios en la vida, el matrimonio y la familia

Pastor Pedro Sánchez, Sr.

Dolores crecientes: El viaje de la gracia de Dios en Life, el matrimonio y la familia

TABLA DE CONTENIDOS

Reconocimientos

Mi querida esposa Juanita, les agradezco el continuo aliento y apoyo para completar este proyecto de libro y compartir nuestro testimonio de la gracia de Dios a lo largo de nuestra vida. También quiero reconocer a mis maravillosos hijos, Leticia, Jr., Ester Marie, José Orlando; y mis nietos, Laura, Destiny, Sofia Hope y Jonathan, Jr. Año tras año, todos ustedes me hacen sentir tan orgulloso de cómo muestran amor y apoyo a nuestra unidad familiar. Y enviando un agradecimiento especial a los élderes Robert y Natalie Watts por ayudar en hacer posible este libro.

Queremos dar un agradecimiento especial a nuestro Senior Pastores, STEVE y Melodye Munsey por su mentoría en nuestras vidas, ya que nos unimos a Family Christian Center. Les damos las gracias por verter en nuestra vida como nuestros líderes espirituales y hemos crecido de una manera especial gracias a ellos.

Epígrafe

El propósito de escribir este libro es ayudar a las familias cristianas a superar los obstáculos de las batallas a medida que crecen en Cristo. Se imaginan que al servir a Dios todo será como vivir en La Tierra Promesa llena de bendiciones justas y de repente la mayoría de las cosas comienzan a salir mal.

Este libro te ayudará a entender que antes de llegar a tu promesa, pasarás por tierras pedregales, Valles, Desertos y caminos difíciles en tu vida. Pero no te preocupes, Dios nos ha dado Su Espíritu Santo y Poder para superar cada situación. Debes aferrarte a Jesús y nunca rendirte.

Jesús nunca dijo que sería fácil, pero prometió estar con nosotros todo el camino. Te conviertes en un ganador, pero no siempre ganando. **Siempre ten fe** para pasar por cada AFLICCIÓN que viene a tu manera.

Una persona que levanta pesas siente mucho dolor cada día que decide levantar libras más pesadas, pero sabe que el dolor lo hará más fuerte. Sí, ¡EL DOLOR puede convertirse en

GANANCIA! La vida puede poner obstáculos en tu camino, pero tú decides las limitaciones.

1
Reflexión

En 1977 fue el año en que mi hermano menor fue asesinado a tiros por uno de nuestros propios amigos. Una vez, cuando un amigo cargaba sus armas para hacer un intercambio de drogas, el arma ahora cargada se disparó accidentalmente y mi hermano fue asesinado a tiros.

Mi esposa y yo acabábamos de casarnos en 1976. El 4de diciembre es cuando mi tía, Elma Veldez, me llevó a la habitación de mi madre y me dijo que vio una visión mientras estaba en oración. Ella me vio predicando el Evangelio y me dijo: serás un hombre de Dios. No quería aceptarlo, pero Dios tenía su propio plan para mí y mi esposa, Juanita.

Descubrimos a través de los años que teníamos que tomar mejores decisiones, incluso con decisiones sobre nuestros hijos. Ser el jefe de las familias requiere madurez. Es imperativo ayudar primero a sus hijos/familia antes de ir a ayudar a los demás.

Dios salva a Sus hijos/hijas para que pueda usarlas para salvar a los demás. El ministerio comienza en casa; que más es más importante llevar el Reino de Dios que nuestras propias familias. Si haces un buen trabajo llegando a ellos, Dios expandirá tu territorio. En Marcos 8:36 la Biblia *dice: "¿Paraqué beneficiará a un hombre si gana el mundo entero y pierde su propia alma? (¿o familia?)"*

<u>REFERENCIAS DE LAS ESCRITURAS</u>

1 Timoteo 5:8

Pero si alguien no provee para los suyos, y especialmente para los de su hogar, ha negado la fe y es peor que un incrédulo.

Actos 10:2

un hombre devoto y aquel que temía a Dios con toda su familia, que daba limosna generosamente al pueblo, y oraba a Dios siempre.

Efesio 6:4

Y ustedes, padres, no provoquen a sus hijos a ira, sino que los criarán en el entrenamiento y la amonestación del Señor.

Proverbios 22:6

Entrena a un niño en el camino que debe seguir, y cuando sea viejo, no se apartará de él.

Pastor Pedro Sánchez, Sr.

2
Salvación

En 1977 mi esposa, Juanita y yo, nos salvamos a través de una invitación a un Renacimiento Sanador. En ese momento su médico había diagnosticado a mi esposa con un páncreas infectado. En ese momento, el médico no tenía una solución médica, sino para que ella hiciera una dieta líquida. Antes de recibir este diagnóstico, se sometió a una cirugía mayor.

En el Renacimiento sanador, mi esposa fue orada y recibida sanación por Dios al instante y ha sido sanada desde entonces. ¡ALABADO SEA DIOS! En salmo 34:20 es estado, *"El Señor lo sostendrá en su cama enferma, en su enfermedad. Lo restauras a la salud."*

Como creyentes, no estamos exentos de los desafíos, pero si confiamos y estamos en la Palabra de Dios, ¡tendremos la victoria! La salvación ha sido la mejor decisión de la vida.
Marcos 5:34 *Él le dijo: "Hija, tu fe os ha sanado. Ve en paz y libédte de tu sufrimiento."*

Usted podría preguntar, "¿Por qué debo ser salvado? ¿O qué es la salvación?" La Biblia dice que todo el pueblo de Dios nació en pecado. En el^{2º} capítulo del Génesis, nos habla de Adán y Eva. Dios los creó y desobedecieron a Dios, que es pecado (es decir, falta la marca).

Dios es Santo y Perfecto, pero ahora nacemos en una naturaleza pecaminosa al nacer y no en la perfección. Hay bien y maldad en todas las personas. Dios creó hombres y mujeres para estar en una relación personal con Dios y Su Presencia. Debido a que nacimos pecadores, debemos arrepentirnos.

No puedes ir al Cielo excepto recibiendo a Jesucristo como tu Señor y Salvador. En Romanos 3:23 nos recuerda que todos nos hemos quedado cortos (nacidos en pecado), porque Adán y Eva cayeron en pecado (perdiendo la marca) al desobedecer a los Mandamientos de Dios (Su Palabra).

Si desea estar seguro de su salvación y tener a Jesucristo como su Señor y Salvador, simplemente diga la siguiente oración:

"Padre, sé que he violado tus leyes y mis pecados me han separado de ti. Lo siento mucho, y ahora quiero alejarme de mi vida pecaminosa pasada hacia ti. Por favor, perdóname y ayúdame a evitar volver a pecar. Creo que su hijo Jesucristo murió por mis pecados, resucitó de entre los

muertos, está vivo y escucha mi oración. Invito a Jesús a llegar a ser el Señor de mi vida, a gobernar y reinar en mi corazón a partir de hoy. Por favor, envía a tu Espíritu Santo para que me ayude a obedecerte y a hacer Tu voluntad por el resto de mi vida. En el nombre de Jesús rezo, Amén."

¡Felicitaciones! Acabas de unirán a la amorosa familia de Dios.

<u>REFERENCIAS DE LAS ESCRITURAS</u>

Salmo 34:20

protege todos sus huesos, ninguno de ellos se romperá.

Romanos 3:23

porque todos han pecado y se han queda cortos de la gloria de Dios...

Santiago 4:17

Por lo tanto, para alguien que sabe lo correcto y no lo hace, para él es pecado.

Isaías 64:6

Todos nos hemos vuelto como alguien que es impuro, y todos nuestros actos justos son como trapos sucios; todos nos arrugamos como una hoja, y como el viento nuestros pecados nos barren.

Isaías 53:6

Todos nos hemos vuelto como alguien que es impuro, y todos nuestros actos justos son como trapos sucios; todos nos arrugamos como una hoja, y como el viento nuestros pecados nos barren.

Colosenses 2:8

Asegúrate de que nadie te lleve cautivo a través de una filosofía hueca y engañosa, que depende de la tradición humana y de las fuerzas espirituales elementales[a] de este mundo y no de Cristo.

Lucas 5:31-32

[31] Jesús les respondió: "No son los sanos los que necesitan un médico, sino los enfermos. [32] No he venido a llamar a los justos, sino pecadores al arrepentimiento."

Juan 14:6

Jesús respondió: "Yo soy el camino, la verdad y la vida. Nadie viene al Padre excepto a través de mí.

Pastor Pedro Sánchez, Sr.

3
Familia

Mi esposa, Juanita y yo, nos criábamos en un pequeño pueblo de Texas. Nos conocimos aquí en Hammond, IN y nos casamos el 4 de diciembre de 1976. Nos salvamos un año después del matrimonio, y tuvimos dos niñas y dos hijos, que criamos en la iglesia. Vamos a involucrarlos en el ministerio a una edad muy temprana, que para nuestro asombro, Dios comenzó a usarlos en el ministerio de música y adoración.

Es importante que una vez que usted como padres nazca de nuevo, concéntrese en sus hijos cuando sean jóvenes. A veces, los adultos se centran en sí mismos y pierden a sus hijos a otros deseos del mundo. Las asociaciones mundanistas inspirarán a sus hijos si no lo hacen primero.

Nuestra hija primera era una niña a la que nombramos, Leticia Sánchez. A continuación, fuimos bendecidos con otro hijo, esta vez un niño, y él era el amor de Dios de mi nombre, Sánchez, Jr. (Pedro) Dios bendijo a nuestra familia para crecer y tuvo nuestra segunda hija y tercer hijo, Ester Marie Sánchez (ahora casada,

Ester VillaFane). Nuestro gran final fue otro hijo, José Orlando Sánchez.

Ha sido una bendición que Dios nos haya permitido ser administradores parentales sobre niños tan maravillosos. Nuestra familia continuó creciendo, y mi esposa y yo fuimos honrados con nuevos títulos, abuelos. ¡Tenemos dos hermosas nietas, Laura Destiny Olivares y Sofia Hope VillaFane con un nieto en camino!

Tener un saldo en su unidad familiar debe estar en el siguiente orden:

1. Relación con Dios primero
2. Relación con su cónyuge en segundo lugar
3. Relación con sus hijos/familia
4. Luego su ministerio/ trabajo

Casi me perdí mis relaciones con mi esposa e hijos, porque puse mi ministerio en primer lugar, que es la orden incorrecta. Viajaba a diferentes estados, cantando y hablando en diferentes iglesias. Un día, cuando tuve una reserva de 5 días en Kansas City, Kansas, estaba en mi habitación de hotel y oí a un predicador hablar de, "Éxito público pero fracaso privado).

Estaba ganando gente para el Reino de Dios, sin hacer un buen trabajo con mi familia. Fui condenado por Dios y me fui a casa y rápidamente me arrepentí de mi esposa e hijos. Hoy, todos servimos a Dios en la iglesia. Mis hijos ministran la música como cantantes y músicos, mientras yo servía como pastor principal, con la ayuda de mi esposa, el élder Juanita, del Centro Cristiano de la Iglesia española de la Familia.

Creo que para vivir en el éxito es necesario tener una familia salvada, sana y unida que trabaje y alamente a Dios juntos en la iglesia y en el hogar. El éxito no es sólo dinero, a pesar de que es bueno tener.

Debemos examinarnos a nosotros mismos, ¿qué es más importante, dinero o familia? Las almas, especialmente tu familia, valen más que todo el dinero que puedes ganar.

<u>REFERENCIAS DE LAS ESCRITURAS</u>

Salmos 103:17

Pero de eterna a eterna el amor del Señor es con aquellos que le temen, y su rectitud con los hijos de sus hijos...

Marcos 8:36

¿De qué sirve que alguien gane el mundo entero, pero pierda su alma?

4
CRECIMIENTO DE LA IGLESIA

Al plantarnos en una iglesia, nos aseguramos de asistir tanto como fuera posible. A lo que te conectas se convierte en parte de lo que te conviertes. Entienda que asegurarse de que todos crezcan juntos como familia es tan importante. Si el hombre de la casa no hace un bien en amar a su esposa e hijos, afectará negativamente a la familia, causando dolor en sus mentes y emociones y apartando a la familia.

Habla con tus hijos como tú hablas y consuela a tus amigos cristianos. Escuche siempre el corazón de su cónyuge e hijos, lo que significa que tal vez tenga que seguir su consejo para hacerles saber que ellos también pueden ser utilizados por Dios para hablar a través de ellos a ustedes. Orar juntos es muy importante. Leer juntos y hacer tiempo para que les enseñes lo que sabes es imperativo. El crecimiento de tu familia no comienza en la iglesia, sino que debería empezar en casa.

Los esposos recuerdan que usted es el maestro. Si el esposo o la esposa se cansan de ir a la iglesia, uno de ustedes debe (esposo o esposa) seguir yendo para que la Gracia de Dios continúe mudándose a su hogar. Alguien necesita mantener el fuego ardiendo en sus familias. Si quieres ver florecer las cosas en tu vida, debes conectarte en la Casa de Dios(iglesia).

Algunas personas piensan que es suficiente sólo para ir los domingos y volver a casa, nunca convertirse en miembros o unirse a un ministerio dentro de la iglesia. Entonces la gente se pregunta: '¿Por qué no veo que las cosas en mi vida mejoren, pero se está amargando?'.

Algo que no está plantado no puede crecer ni ver la producción. Eso sólo sucede cuando te plantan. Debes ser ministro del Evangelio de Jesús, después de que aceptes a Cristo como tu Salvador. Ahora tienes una comisión para salvar a los demás. La Biblia es nuestra Fundación sobre la que construyes tu casa.

<u>REFERENCIAS DE LAS ESCRITURAS</u>

2 Pedro 3:18 (En conocimiento)

Pero crecer en la gracia y el conocimiento de nuestro Señor y Salvador Jesucristo. ¡Para él ser gloria tanto ahora como para siempre! Amén.

Hebreos 6:1 (En madurez)

Por lo tanto, vayamos más allá de las enseñanzas elementales acerca de Cristo y avancemos hacia la madurez, no poniendo de nuevo el fundamento del arrepentimiento de los actos que conducen a la muerte,[a] y de la fe en Dios,

Colosenses 1:10 (En tu caminata espiritual)

... para que vivas una vida digna del Señor y le agrades en todos los sentidos: dando sus frutos en cada buena obra, creciendo en el conocimiento de Dios,

2 Tesalonicenses 1:3 (Crecimiento en el amor)

Siempre debemos dar gracias a Dios por ustedes, hermanos y hermanas,[a] y con razón, porque su fe está creciendo cada vez más, y el amor que todos ustedes tienen el uno por el otro está aumentando.

Salmos 92:12-14 (Se planta)

Los justos florecerán como una palmera, crecerán como un cedro del Líbano;

13 plantados en la casa de Jehová, *florecerán en las cortes de nuestro Dios.*

14 Todavía darán frutos en la vejez, se mantendrán frescos y verdes,

2 Corintios 6:4 (En servicio)

Más bien, como siervos de Dios nos encomiamos en todos los sentidos: con gran resistencia; en problemas, dificultades y angustias.

5

ORACIÓN Y AYUNO

Cuando empezamos en la iglesia nos enseñaron a orar y ayunar. Siempre debes cubrir a tu familia con la Sangre de Jesús. Verás cómo tu familia volverá a casa con buenos informes en lugar de malos informes. Incluso pasar sólo 15 minutos declarando un día bendito para ellos marcará la diferencia. El ayuno no te hace más espiritual, aleja al enemigo y une los planes que tiene contra tu familia. Te ayuda a superar tus deseos y sentimientos carnosos.

El ayuno también te ayuda a escuchar Su Palabra y Voluntad, en lugar de la tuya. Ayunar significa abstenerse de alimentar tu carne y ayudar a alimentar tu espíritu. Incluso si empiezas sólo una comida al día. Una familia orante será una familia fuerte y piadosa. Más de Dios en ti que la influencia del mundo en ti.

La oración es simplemente hablar con Dios tal como hablas con la gente. Dios entiende cada idioma que hay porque nos hizo diferentes. Quiere que aprendamos cosas nuevas de sus diversas culturas. (ref. Génesis 11:7). Pero podemos orar en todos los idiomas a Dios, Él los creó y los entiende y responderá a las oraciones.

En Mateo 7:9-11, Dios da un gran ejemplo de que aun siendo un pecador (nacido en acciones malignas), uno sabe la diferencia en dar el bien a sus hijos. Dios es sólo bueno y no tiene mal (pecado) en Él. Dios es AMOR (I Juan 4:7-21). Ustedes muchos dicen, "¿Por qué hay tantos asesinatos y el mal que sucede en el mundo?" Es debido a las acciones del pueblo que son malas, que trajeron la maldad del pecado al mundo en el que vivimos.

El ayuno se queda voluntariamente sin comida, por el bien del propósito espiritual. ¿Cuál es el propósito del ayuno? El ayuno es elegir sacrificar algo de valor con el propósito de buscar a Dios con más intensidad. ¿Por qué comida? Una razón es que para la mayoría de la gente la comida es lo más difícil de renunciar.

Como principiante en el ayuno, no estás acostumbrado al ayuno, así que te recomiendo que comiences tu ayuno sacrificando una comida al día para orar y ayunar por las familias, las necesidades de la gente, el matrimonio y el ministerio. El ayuno también ayuda a sus peticiones y necesita avanzar más rápido, avanzando rápidamente.

Dios responderá en consecuencia, en Su tiempo y verás que eres tu vida espiritual tendrá un nuevo fuego dentro de ti; y tus necesidades serán satisfechas cada vez que Dios considere conveniente.

<u>REFERENCIAS DE LAS ESCRITURAS</u>

Génesis 11:7

Vamos, bajemos y confundamos su lenguaje para que no se entiendan.

Mateo 7:9-11

9 "¿Cuál de vosotros, si tu hijo pide pan, le dará una piedra? 10 ¿O si pide un pez, le dará una serpiente? 11 Si vosotros, aunque seas malvado, sabréd cómo dar buenos dones a vuestros hijos, ¡cuánto más dará vuestro Padre Celestial a los que le piden!

I Juan 4:7-21

7 Queridos amigos, nos amemos unos a otros, porque el amor viene de Dios. Todos los que aman han nacido de Dios y conocen a Dios. 8 Quien no ama no conoce a Dios, porque Dios es amor. 9 Así fue como Dios mostró su amor entre nosotros: Envió a su hijo único al mundo para que viviéramos a través de Él. 10 Esto es amor, no es que amáramos a Dios, sino que él nos amó y envió a su Hijo como sacrificio único por nuestros pecados. 11 Queridos amigos, ya que Dios nos amó tanto, también debemos amarnos unos a otros. 12

Nadie *ha visto a Dios; pero si nos amamos, Dios vive en nosotros y su amor se hace completo en nosotros.*

13 Así es como sabemos que vivimos en Él y en él en nosotros: Él nos ha dado de su Espíritu. 14 Y *hemos visto y testiponddo que el Padre ha enviado a su Hijo a ser el Salvador del mundo. 15* Si *alguien reconoce que Jesús es el Hijo de Dios, Dios vive en ellos y en ellos en Dios. 16* Y *así sabemos y confiamos en el amor que Dios tiene por nosotros.*

Dios es amor. Quien vive enamorado vive en Dios, y Dios en ellos. 17 Así es como el amor se hace completo entre nosotros para que tengamos confianza en el día del juicio: En este mundo somos como Jesús. 18 No *hay miedo en el amor. Pero el amor perfecto expulsa el miedo, porque el miedo tiene que ver con el castigo. El que teme no se hace perfecto en el amor.*

19 Amamos porque él nos amó por primera vez. 20 Quien *dice amar a Dios pero odia a un hermano o hermana es un mentiroso. Porque quien no ama a su hermano y hermana, a quienes han visto, no puede amar a Dios, a quien no han visto. 21* Y *él nos ha dado este mandamiento: Cualquiera que ama a Dios también debe amar a su hermano y a su hermana.*

Pastor Pedro Sánchez, Sr.

6
Ensayos

Cuando nos salvamos por primera vez, pensamos que servir a Dios en Su Reino nos impedirá no ver que suceden cosas malas. Pero para nuestra sorpresa vimos que tantos acontecimientos impíos ocurrieron en nuestro paseo con Cristo. Nos preguntamos: "¿Cómo/por qué está pasando esto? Bueno, más tarde en nuestro paseo entendimos que el Enemigo hará que las cosas salgan mal para aquellos que desean hacer el bien para ver si él puede quitar los ojos, su fe, confianza y esperanza en Jesús. Y tenía como objetivo centrarse en sus problemas en lugar de en Cristo.

Mantén los ojos en Jesús, no en las personas ni en las circunstancias. A todos nos encanta ser bendecidos y recibir las bondades en la vida, pero cuando llegan las pruebas, nos desanimamos. Debemos entender que veremos ambas pruebas y bendiciones. Si confías en Dios para entregarte y sigues *adelante,* nunca te rindes, nos hacemos más fuertes en fe, confianza y crecimiento.

Jesús dijo que recibiríamos lo que Él recibió, que incluye aflicciones. Ha resucitado de la tumba con todo el poder de resurrección. Debemos ser sacrificados junto con Él. Somos Su Cuerpo (Iglesia); Él es el Novio (la Cabeza) de la Novia (Iglesia).

Prometió nunca abandonarnos ni dejarnos. Las personas son las que se alejan de Él (Ref. Mateo 28:20, Hebreos 11:5)

¡Pasamos por muchas pruebas, pero nuestras bendiciones superaron nuestras pruebas por un deslizamiento de tierra! Pasamos por mi esposa teniendo que someterse a seis cirugías. Nuestra hija, Leticia (Letty), tuvo un terrible accidente que provocó que un joven pasara por el parabrisas del coche, que terminó trágicamente en su muerte. Leticia tenía la mitad de la cara abierta y necesitaba cirugía. Tuve un accidente en un semitruck, lo que me hizo pasar por la ventana trasera de nuestro camión de la compañía, debido a que fue golpeado por detrás a 80 millas por hora, de pie en un semáforo en rojo.

El accidente me causó lesiones en la columna vertebral con cuatro hernias de disco. Esto me llevó a no poder trabajar. Pero Dios nos entregó en cada prueba. Recuerda que el tamaño de tu prueba determina el tamaño de tus bendiciones venideras. ¡Nunca te rindas! ¡Nunca te rindas! Nunca renuncies a la Alegría del Señor; es tu fuerza (Ref. Nehemías 8:10)

Dolores crecientes a través de los años de ver la fidelidad de Dios:

1. Mi hermano menor fue asesinado a tiros, a los 17 años, por un amigo en 1977.

2. Mi esposa, Juanita, pasó por una cirugía difícil en 1978.

3. Mi trabajo cerró en 1981.

4. No teníamos coche durante 6 meses en 1982.

5. Entré en la Unión ganando $48.95 por hora en 1988.

6. Lo perdimos todo debido al accidente de semi y coche en 1995 que dañó 4 discos en mi espalda.

7. Nuestra hija mayor, Letty fue golpeada por una semi y gravemente herida en 1995.

8. Perdimos nuestra casa y nuestro coche en 1999, debido a problemas de salud y no poder trabajar debido a una cirugía.

9. En 2000 hicimos la transición de la iglesia al Centro Cristiano Familiar.

10. En 2004 traté de volver a trabajar en Paisajismo y me lesioné donde no podía trabajar.

11. En 2005 me pusieron en discapacidad y tuve que dedicar mis tiempos a predicar para

ganarme la vida.

12. Seguí predicando y enseñando para ganarme la vida y me pidieron que pastorease el Ministerio español, junto con mi familia en 2013.

Estos son sólo algunos de los juicios que enfrentamos. No soy capaz de poner todo en este libro; Necesitaría otro libro. El único sostenimiento fue el Espíritu Santo que nos mantuvo, nos protegió, nos proporcionó y refrescó el uso como familia. Ruego que este libro os ilumine para que nunca te rindas ante Cristo, porque él nunca se rendirá ante vosotros.

<u>REFERENCIAS DE LAS ESCRITURAS</u>

Isaías 41:13

Porque yo soy el SEÑOR TU Dios que se apodera de tu mano derecha y te dice, no temas;   Te ayudaré.

Colosenses 3:1-4

³ Desde entonces, haéis sido criados con Cristo, puso vuestros corazones sobre las cosas anteriores, donde está Cristo, sentado a la diestro de Dios. ² Fijen sus mentes en las cosas anteriores, no en las cosas terrenícolas. ³ Porque moriste, y tu vida está ahora escondida con Cristo en Dios. ⁴ Cuando Cristo, que es vuestra vida, aparezca, entonces también aparecerás con él en gloria.

Romanos 14:13-23

¹³ Por tanto, dejemos de pronunciarnos unos sobre otros. En su lugar, decida no poner ningún obstáculo o obstáculo en el camino de un hermano o hermana. ¹⁴ Estoy convencido, siendo plenamente persuadido en Jehová Jesús, de que nada es impuro en sí mismo. Pero si alguien considera algo impuro, entonces para esa persona es impuro. ¹⁵ Si tu hermano o hermana está angustiado por lo que comes, ya no estás actuando en el amor. No destruyan por su alimentación a alguien por quien Cristo murió. **16** Por *tanto, no dejes que de lo que sabes que es bueno seas hablado como malo.* **17** *Porque el reino de Dios no es una cuestión de comer y beber, sino de justicia, paz y gozo en el Espíritu Santo,* **18** porque cualquiera que sirva a Cristo de esta manera es agradable a Dios y recibe la aprobación *humana.*

19 *Hagamos todo lo posible para hacer lo que conduce a la paz y a la edificación mutua.* **20** No *destruyan la obra de Dios por el bien de la comida. Toda la comida está limpia, pero está mal que una persona coma cualquier cosa que haga tropezar a otra persona.* **21** Es *mejor no comer carne o beber vino ni hacer nada más que haga caer a tu hermano o hermana.*

22 *Así que todo lo que creas acerca de estas cosas guarda entre ti y Dios. Bendito es el que no se condena por lo que aprueba.* **23** Pero *quien tiene dudas es condenado si come, porque su alimentación no es de fe; y todo lo que no viene de la fe es pecado.*

Salmos 34:19

*La persona recta puede tener muchos problemas, pero el
SEÑOR LO libera de todos ellos.*

Mateo 28:20

... y enseñarles a obedecer todo lo que te he mandado. Y seguramente, estoy contigo siempre, hasta el final de laera.

Hebreo 11:5

Por fe, Enoc fue sacado de esta vida, para que no experimentara la muerte: "No pudo ser encontrado, porque Dios lo había tomado antesde ser tomado, fue elogiado como alguien que complació a Dios.

Nehemías 8:10

Nehemías dijo: "Ve y disfruta de comida y bebidas dulces, y envía algunos a aquellos que no tienen nada preparado. Este día es santo para nuestro Señor. No afligen, porque el gozo del SEÑOR ES vuestra fuerza.

Pastor Pedro Sánchez, Sr.

42

7

Madurez

No dejes que nada ni nadie te separe del Amor de Dios. Las personas que se caen o se desanimen son aquellas que permiten la influencia de otras personas que cotillean o hablan mal de los demás e incluso de sus pastores, miembros de la iglesia/denominaciones. Ese tipo de personas no tienen miedo de Dios, pero tienen diarrea de la boca. Si estás utilizando un ordenador portátil o una tablet, intenta moverte a otra ubicación e inténtalo de nuevo.

Eres un Buque de Honor, no un cubo de basura. Participe en siempre parte del ministerio en su iglesia para ver dónde funciona mejor su regalo. Entonces haz todo lo que puedas para ganar el Perdido a Cristo. Recuerden, una vez que sean salvos, Dios quiere usarlos ahora para contarles a los demás acerca de Dios: por ellos (Ref Hebreos 6:1).

La madurez espiritual es un proceso continuo. Pablo dice: "No es que haya obtenido todo esto, o que me hayan hecho perfecto, sino que presiono para apoderarme de aquello por lo que Cristo Jesús se apoderó de mí." ~ Filipenses 3:12-14. Jesús te ayudará a desarrollarte en tu vida. Debes tomar la decisión de aprender la Palabra de Dios. Deja que Dios renueve tu mente. (Ref. Romanos 12:1-2).

¿Cuáles son las marcas del Crecimiento Espiritual y la Madurez? Aprender a caminar en obediencia a Dios. Está tomando la decisión de vivir por el punto de vistade Dios, en lugar de su propio punto de vistahumano. La palabra 'caminar' en griego es (stoicheo) que significa paso a paso; para dirigir la vida de uno.

<u>**REFERENCIAS DE LAS ESCRITURAS**</u>

Hebreos 6:1

Por lo tanto, dejando los principios de la doctrina de Cristo, sigamos a la perfección; no volver a sentar los cimientos del arrepentimiento de las obras muertas, y de la fe hacia Dios...

Romanos 12:1-2

Os suplico, hermanos, por las misericordias de Dios, que presented vuestros cuerpos un sacrificio vivo, santo, aceptable para Dios, que es vuestro servicio razonable.
[2] Y no se conformen a este mundo, sino que seamos transformados por la renovación de vuestra mente, para que demuestren lo que es esa buena, aceptable y perfecta voluntad de Dios.

2 Timoteo 2:15

El estudio para arrojarte a Dios, un obrero que no necesita avergonzarse, dividiendo con razón la palabra de verdad.

2 Timoteo 3:16-17

16 Todas las Escrituras son dadas por inspiración de Dios, y son rentables para la doctrina, para la reprobación, para la corrección, para la instrucción en rectitud:
17 para que el hombre de Dios sea perfecto, completamente amueblado a todas las buenas obras.

Gálatas 5:16

Esto digo entonces, Caminad en el Espíritu, y no cumpliréis la lujuria de la carne.

Filipenses 3:12-14

12 No como si ya hubiera alcanzado, ninguno de los dos ya era perfecto, pero sigo, si apresto aquello para lo cual también, soy aprehendido de Cristo Jesús.

13 Hermanos, no cuento conmigo mismo para haber aprehendido, sino que esto es lo que hago, olvidando las cosas que están detrás, y llegando a las cosas que están antes,

14 Presiono hacia la marca para el premio del alto llamamiento de Dios en Cristo Jesús.

8

FE TOTAL

Vivir por fe simplemente significa que camino por la fe en la Palabra de Dios y no por las emociones o lo que veo, sino por lo que Dios ve. La Palabra de Dios es una lámpara a nuestros pies y se ilumina a nuestro camino. Dios no se conmueve por las circunstancias, ni siquiera las cosas que creemos que lo moverían. La Biblia dice, sin fe sobre su esposa, esposo, hijos y no salvados.

La Biblia dice que decreta una cosa y se establecerá. Dios lo dijo todo a la existencia. Debemos hablar de nuestros hijos, casa, familia y amigos. Conciéralos salvados llamándolos: 'Hey hombre de Dios, o Hijo de Dios'. Profess sobre ellos, tales como, 'Vas a ser un alcalde, hombre de negocios, cantante famoso, o lo que se pone en su corazón para impartir en sus dones y talentos.

La gente puede arruinar a sus hijos diciendo malas palabras sobre ellos. Darán una cuenta sobre la palabra siempre ociosa que hablan. ¡La lengua tiene el poder de la vida y la muerte-ELEGIR LA VIDA por las palabras que usted habla!

<u>REFERENCIAS DE LAS ESCRITURAS</u>

Gálatas 2:20

[20] Estoy crucificado con Cristo; sin embargo, vivo; pero no yo, pero Cristo vive en mí, y la vida que ahora vivo en la carne la vivo por la fe del Hijo de Dios, que me amó, y se entregó por mí.

Santiago 1:6

Pero que pregunte con fe, nada vacilante. Porque él esa ola es como una ola de la mar conducida con el viento y lanada.

Efesio 6:4

Porque ahí está la justicia de Dios revelada de la fe a la fe: como está escrito, los justos vivirán por fe.

<u>VERSÍCULOS BÍBLICOS SOBRE LA FE</u>

1 TIMOTEO 4:12

GALATIANS 3:22

GALATIANS 2:20

MARCOS 10:52

SALMOS 119:30

ROMANOS 1:17

ROMANOS 10:10

MATEO 17:10

ROMANOS 14:1

MATEO 21:21

GALATIANS 2:15-16

EFESIOS 3:16-17

HEBREOS 11:1

ALGUNAS FOTOS DURANTE EL VIAJE

Joven y enamorado, comprometido en 1974.

Se casó con mi amor, Juanita, el 4 de diciembre de 1976

Fotos familiares

Iglesia española de
Fotos del Centro Cristiano Familiar

Pastor Sánchez, Sr. ministro
La Palabra de Dios

SOBRE EL AUTOR

Pastor Sánchez, Sr. nació en Hammond, Indiana en 1956. Fue criado en la pequeña ciudad de Cotulla, Texas. Después de la escuela secundaria, conoció a la chica de sus sueños, Juanita, y se casó con ella el 4 de diciembre de 1976. Recibieron a Cristo como su Señor y Salvador en 1977 y ambos han servido a Jesús durante más de 42 años. Actualmente, el pastor sirve como pastor de la Iglesia Española del Family Christian Center en Munster, Indiana, que es una de las iglesias más grandes y de rápido crecimiento en América. Stephen y la pastora Melodye Munsey. El pastor y el élder Juanita dan un agradecimiento especial al Dr. Stephen y al Pastor Melodye por su confianza en la Familia Sánchez.

Pastor Pedro Sánchez, Sr.

9 7 9 8 7 2 7 8 4 1 3 0 3